Frauen der Bibel

ESTHER

Eine Frau, die Mut und Schönheit in sich vereinte

Nacherzählt von Marlee Alex
Illustriert von Tiziana Gironi

Saatkorn - Verlag • Hamburg

ie Marmorsäulen im Palast des Perserkönigs glänzten im Sonnenlicht. Es war Mittagszeit am siebten Tag des großen Festes. Die meisten Gäste des Königs waren schon ziemlich betrunken. Schwerfällig wankten einige von ihnen durch den Innenhof, der einen wunderschönen Mosaikfußboden hatte. Form und Farbe dieses Mosaiks waren so prächtig, daß selbst der verwöhnte Herrscher des

riesigen Perserreiches seine Freude daran hatte. Da hob König Ahasveros sein goldenes Trinkgefäß und befahl seinen Dienern, seine Frau, die Königin Wasti, herzubringen.

Die geladenen Fürsten, Adligen und Offiziere riefen wie aus einem Mund: »Ja, die Königin soll kommen!« Sie schoben die kostbaren purpurroten Vorhänge

beiseite, die das Innere des Palastes vor fremden Blicken schützen sollten. »Die Schönheit der Königin ist größer als die aller Kostbarkeiten der königlichen Schatzkammer zusammen!«
Sogleich liefen die Diener in den Saal hinüber, in dem die Königin mit den Frauen des Hofes ebenfalls feierte. Doch sie kamen ohne ihre Herrin zurück.

»Was?« schrie König Ahasveros. »Sie weigert sich zu kommen?« Den König packte der Zorn. Ihm, dem mächtigsten Mann eines Reiches, das sich von Indien bis nach Äthiopien erstreckte, widersetzte man sich nicht! Er war es gewöhnt, daß ihm jeder Wunsch augenblicklich erfüllt wurde. Und nun wollte ausgerechnet seine eigene Frau ihm nicht gehorchen!

5

Sofort versammelte er die Fürsten und Adligen um sich. »Was soll nach dem Gesetz mit Königin Wasti geschehen? Sie hat mich mit ihrem Verhalten auf das gröbste beleidigt!« sagte er zornig. »Nun, du solltest etwas unternehmen«, erwiderten die Männer. »Wenn deine Frau dir ungehorsam wird, so wird es nicht lange dauern, bis sich alle Frauen im Land genauso aufsässig benehmen.«

»Schick sie fort, und laß alle Leute wissen, aus welchem Grund du so handelst«, schlug einer der Männer vor.

So ließ der König einen Erlaß aufsetzen, der im ganzen Land bekanntgemacht und in alle Sprachen der einzelnen Provinzen übersetzt wurde. Dieser königliche Erlaß besagte, daß jeder Mann seinem Haushalt vorstehen und nicht dulden solle, daß seine Frau ihm ungehorsam sei. Der König wußte natürlich, daß er mit gutem Beispiel vorangehen mußte, und so verbannte er die Königin.

Bald darauf tat ihm die Sache leid, denn er sehnte sich nach seiner Frau. Um ihn aufzuheitern, schlugen ihm die Adligen vor, eine neue Frau zu nehmen. »Laß im ganzen Land nach den schönsten Mädchen suchen und sie hierher in den Palast bringen; sie sollen ein Jahr hier bleiben«, sagten sie.

Und so geschah es. Die Mädchen wurden verwöhnt wie Prinzessinnen. Man begann sofort mit der Pflege ihrer Schönheit, denn sie sollten nach Ablauf des Jahres noch hübscher und gepflegter aussehen. Wenn der König sich dann alle angesehen hatte, sollte er die zur Königin machen, die ihm am besten gefiel.

König Ahasveros war begeistert von diesem Plan. Er war ganz sicher, daß er unter den Mädchen eines finden würde, das seiner früheren Frau an Schönheit gleichkam. Um sie an Gehorsam zu gewöhnen, würde er strikte Regeln einführen, die sie nie übertreten dürfte. Ja, bald sollte in seinem Palast ein Schönheitswettbewerb stattfinden, bei dem die Entscheidung fallen würde.

7

N un lebte in der Hauptstadt, nicht
weit vom Palast entfernt, ein Jude
namens Mordechai. Bei ihm wohnte
seine Kusine Esther, die er als Kind nach
dem Tode ihrer Eltern angenommen und
wie sein eigenes Kind großgezogen hatte.
Esthers Haut war weich wie Samt. Ihre
großen ausdrucksvollen Augen mit den

Zimmer im Palast und beauftragte sieben Dienerinnen mit ihrer Schönheitspflege. Esther bekam die besten Speisen und durfte die schönsten Kleider tragen.

Trotz allem machte ihr Vetter Mordechai sich Sorgen um sie. Es war ihm nichts anderes übriggeblieben, als Esther mit den Boten des Königs ziehen zu lassen. Vorher hatte er ihr aber noch eingeschärft, niemandem zu erzählen, daß sie zum Volk der Juden gehörte. Mordechai schlich sich Tag für Tag in die Nähe des Palastes, um Esther sehen zu können. Ihr fröhliches Lächeln beruhigte ihn jedes Mal.

langen Wimpern leuchteten so, daß die Boten des Königs von ihrer Schönheit entzückt waren. Esther war deshalb eine der ersten, die für den Wettbewerb ausgewählt wurden.
Sie war eine sehr kluge junge Frau, sie war außerdem immer freundlich und wußte sich zu benehmen. Deshalb gewann sie die besondere Gunst von Hegai, der für die Mädchen sorgen mußte. Er gab ihr eines der schönsten

9

Schließlich war der große Tag gekommen, an dem Esther dem König vorgestellt werden sollte.

Hegai fragte, welche Kleider sie tragen wolle. »Und suche dir auch den passenden Schmuck dazu aus«, riet er ihr. Dabei hielt er Esther eine kleine, mit Edelsteinen verzierte Holztruhe hin. Esther stellte die Truhe vorsichtig auf ihren Frisiertisch und öffnete den Deckel.

Der Inhalt glänzte und glitzerte, daß es ihr die Sprache verschlug. Bis zum Rand war die Truhe gefüllt mit Ketten, Armbändern, Ringen und Broschen. Perlen und juwelenverzierte Kämme, die man sich ins Haar stecken konnte, fand sie auch darin. Noch nie in ihrem Leben hatte Esther solch prächtigen Schmuck gesehen. Staunend nahm sie einige der Kostbarkeiten zur Hand und betrachtete sie.

10

Dann sagte sie zu Hegai: »Ich komme aus einer einfachen Familie. Warum sollte ich vortäuschen, eine reiche und bedeutende Frau zu sein? Wenn ich etwas davon tragen soll, dann mußt du es für mich aussuchen, Hegai.« Da nahm Hegai eine glänzende, einreihige Perlenkette aus der Truhe und ließ sie in Esthers langes Haar einflechten. Dazu wählte er ein schlichtes Seidenkleid, das ihr paßte wie angegossen. Hegai wußte, daß gerade diese Schlichtheit den König auf Esthers natürliche Schönheit aufmerksam machen würde, eine Schönheit, die von innen kam.

Als Esther dann durch die langen Korridore zum Empfangszimmer des Königs schritt, unterbrachen die Diener und Dienerinnen ihre Arbeit, um ihr nachzuschauen; so beeindruckt waren sie von ihrer Schönheit. Als der König sie erblickte, wußte er sofort, daß er seine Königin gefunden hatte. Ein großes Fest fand statt im Palast, und in alle Provinzen des Landes wurden Geschenke gesandt. Alle Menschen im Reich sollten die Hochzeit des Königs mit Esther feiern.

D ie Jahre, in denen Esther als Königin im Palast lebte, vergingen wie im Flug. Ihr Vetter Mordechai war inzwischen zum Offizier der Palastwache ernannt worden. Zwei andere Offiziere, die mit ihm zusammenarbeiteten, planten eines Tages einen Mordanschlag auf den König.

Mordechai hörte zufällig, wie sie sich darüber berieten. Sofort ließ er Esther informieren, und sie berichtete dem König, was die beiden vorhatten. So konnte das Leben des Königs gerettet werden. Mordechais Name und seine Rettungstat wurden in die Chronik des Landes eingetragen.

Kurz danach ernannte der König Haman zum ersten Minister des Landes. Haman war ein stolzer und herrschsüchtiger Mann. Er verlangte, daß sich alle Untertanen vor ihm verbeugen, wenn sie ihm begegneten. Da er für seine Grausamkeit bekannt war, hielt sich jeder an diesen Befehl - nur Mordechai nicht.

»Ich bin ein Jude«, erklärte er, »und als Jude beuge ich mich nur vor einem: vor dem lebendigen Gott.« Haman geriet außer sich vor Wut: »Was?« schrie er. »Dieser Kerl wagt es, mir zu widersprechen?! An den Galgen mit ihm!« Doch dann überlegte er noch einmal und sagte sich: »Halt! Man muß diesen Juden endgültig den Garaus machen! Nicht nur Mordechai, alle Juden in meinem Reich sollen umgebracht werden!« Und weil er die persischen Götter bestimmen lassen wollte, wann das Volk der Juden ausgerottet werden sollte, ließ er das Los werfen.

Als alles geplant und vorbereitet war, bat Haman um Audienz beim König. Voll Hinterlist sagte er zu ihm: »Es gibt ein Volk, das überall verstreut in deinem Reiche lebt und das deine königlichen Gesetze nicht befolgt. Deshalb muß es vernichtet werden; sonst kündigen dir bald alle im Land den Gehorsam.«

Der König wollte gar keine Einzelheiten wissen. »Tu, was du für richtig hältst!« sagte er nur, zog den Siegelring von seinem Finger und gab ihn Haman, damit er das Todesurteil damit siegeln sollte. Der König hörte nämlich immer auf Haman.

15

Siegessicher verließ Haman das königliche Empfangszimmer. Dann setzte er das Siegel des Königs unter das Todesurteil und ließ durch Boten in allen Provinzen des Reiches bekanntgeben, daß alle Juden, Männer, Frauen und Kinder, an einem bestimmten Tag zu einer bestimmten Stunde umgebracht werden. Den Statthaltern, die den Befehl ausführen sollten, ließ er ausrichten, man würde sie dafür später als Helden der Nation ehren.

Die Juden in der Hauptstadt des Perserreiches erfuhren als erste von dem Erlaß des Königs. Panik breitete sich aus. Als Mordechai hörte, was vorgefallen war, lief auch er laut klagend durch die Straßen der Stadt. Er konnte einfach nicht fassen, daß der König etwas so Schreckliches vorhatte. Überall im Land herrschten Trauer und Verzweiflung unter den Juden. Sie zerrissen ihre Kleider, legten Trauergewänder an und streuten Asche auf ihr Haar. Unter Fasten, Weinen und Klagen flehten sie zu Gott, sie aus ihrer aussichtslosen Lage zu befreien.

Königin Esther war von dem schrecklichen Erlaß noch nichts zu Ohren gekommen. Niemand, noch nicht einmal der König, ahnte, daß auch sie eine Jüdin war. »Seltsam«, dachte sie, »seit mehr als dreißig Tagen hat der König nicht nach mir rufen lassen, und ich darf nicht einmal darum bitten, ihn besuchen zu dürfen. Was hat das zu bedeuten? Ist er nicht zufrieden mit mir, oder habe ich ihn verärgert?«

17

Üblicherweise wurden alle
Staatsgeschäfte von der Königin
ferngehalten. Eins ihrer
Kammermädchen verriet ihr jedoch, daß
Mordechai in einem Trauergewand und
mit Asche bedeckt vor den Toren des
Palastes läge. »Mein Vetter in
Trauerkleidung?« rief sie entsetzt und
schickte das Mädchen sofort zum Tor,
um Mordechai zu fragen, was los sei.

Mordechai gab ihr eine Abschrift von Hamans Erlaß und bat sie, Esther von der Panik zu berichten, die unter den Juden herrschte. Außerdem gab er dem Mädchen eine Botschaft für Esther mit, in der es hieß: »Geh zum König und teile ihm mit, daß auch du eine Jüdin bist, und bitte ihn um Gnade für dein Volk.«

Als Esther das las, war sie außer sich. Mit zitternder Hand schrieb sie einige Zeilen nieder, die schnell zu Mordechai gebracht werden sollten. »Jedermann weiß«, schrieb sie, »daß niemand ungerufen mit dem König sprechen kann, auch ich als Königin nicht. Wenn ich nur darum bitte, ihn sprechen zu dürfen, könnte das schon das Todesurteil für mich bedeuten.«

Da ließ ihr Mordechai folgende Antwort überbringen: »Denk nur nicht, daß dein Leben verschont bleibt, nur weil du die Königin bist. Wenn du in dieser Stunde schweigst, wird den Juden von anderswo Hilfe und Rettung kommen. Aber du und deine Familie, ihr habt dann euer Leben verwirkt. Hab doch Vertrauen, Esther! Vielleicht hat Gott dich gerade deshalb zur Königin gemacht.«

Esther seufzte. Es war schon riskant genug, ungerufen zum König zu gehen. Noch gefährlicher aber erschien es ihr, ihm die Wahrheit über ihre Herkunft zu sagen und ihn zu bitten, einen von ihm selbst gesiegelten Befehl zurückzunehmen. Es war einfach unvorstellbar! Nein, niemals würde sie den Mut aufbringen, so etwas Unmögliches vom König zu verlangen! Mutlos ließ sie sich auf ihr Bett fallen und begann zu weinen.

19

Was war das? Leise erst, dann immer eindringlicher, hörte sie jemanden in ihrem Herzen sprechen: »Vielleicht hat Gott dich gerade deshalb zur Königin gemacht.« Es war wie ein Echo der Worte, die Mordechai ihr geschrieben hatte.

Esther spürte, wie sie neue Kraft bekam. »Schnell, lauf zurück zu Mordechai!« sagte sie leise zu ihrem Kammermädchen, und bringe ihm folgende Botschaft: »Geh und rufe alle Juden in der Hauptstadt zusammen. Betet und fastet drei Tage lang. Ich werde dasselbe tun. Dann gehe ich zum König, auch wenn es gegen das Gesetz ist. Komme ich um, so komme ich um!«

Esther betete, wie sie es versprochen hatte. Am dritten Tag nahm sie etwas von dem kostbaren Parfüm, das der König ihr geschenkt hatte, legte ihr königliches Gewand an und ging in den inneren Hof des Palastes, von wo sie direkt in den Thronsaal gelangte. Sie konnte den König auf seinem Thron sitzen sehen, ging aber nicht zu ihm, sondern blieb abwartend im Schatten einer Säule stehen. Eine Öllampe verbreitete schwaches Licht und warf tanzende Schatten an die Wand. Esther spürte, wie ihr das Herz bis zum Hals klopfte, ihre dunklen Augen aber blickten ruhig und entschlossen.

Der König schien zu spüren, daß sie anwesend war. Er kannte den Duft ihres

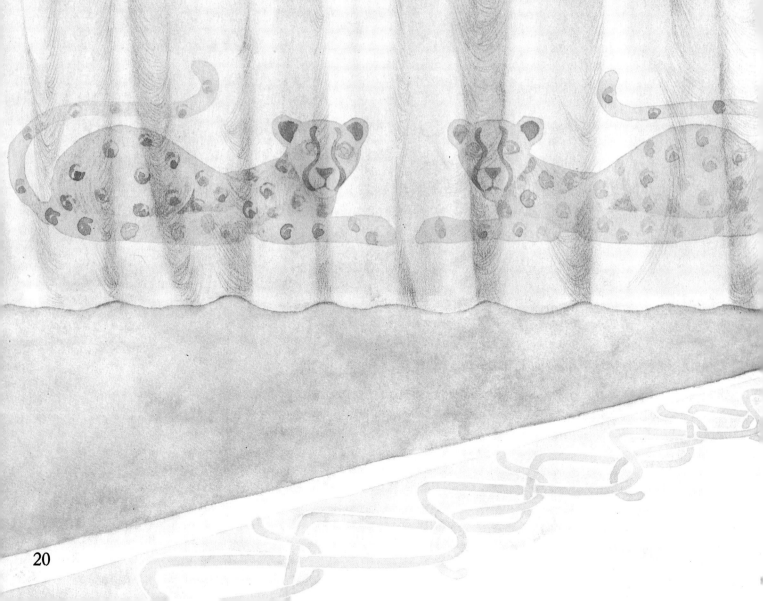

Parfüms. So schaute er in ihre Richtung
und erkannte sie im sanftschimmernden
Licht der Lampe. »Wie schön sie ist!«
dachte er voller Bewunderung. Esther
war sich der Anmut ihrer Bewegungen
und ihrer Schönheit nicht bewußt, als sie
jetzt auf den König zuschritt und vor ihm
niederkniete.

So überwältigt war der König von
Esthers Schönheit, daß er ihr freundlich
zulächelte und ihr das goldene Zepter
entgegenstreckte, das er in der Hand
hielt. Das war das Zeichen, daß sie nichts
zu befürchten hatte. Esther trat heran,
berührte die Spitze des Zepters, und sie
wechselten einen zärtlichen Blick
miteinander.

»Was führt dich her, Königin Esther?«
fragte der König. »Was ist dein Wunsch?
Ich gewähre dir alles, sogar die Hälfte
meines Königreiches.«

Wieder begann Esthers Herz wie wild zu
klopfen. Sie war voller Unruhe. Zögernd
und mit gesenktem Blick sagte sie dann
leise: »Mein König, wenn es dir recht ist,
dann komm doch heute mit Haman zu
dem Mahl, das ich für dich vorbereitet
habe.«

23

So kam der König mit Haman zu Esthers Mahl. Als die drei später zu Tisch saßen, erhob der König sein Weinglas und fragte: »Was ist nun dein Wunsch, Esther? Ich erfülle ihn dir. Fordere, was du willst!«

Esther spürte, daß es noch nicht an der Zeit war, zu sagen, was sie sich vorgenommen hatte: »Ich bitte dich, komm morgen wieder zum Essen und bring auch Haman mit. Dann werde ich dir meinen Wunsch mitteilen.«

Satt und zufrieden verließen die beiden Männer ihre Gastgeberin.
Nur eine Kleinigkeit trübte Hamans Freude. Der Jude Mordechai hatte sich wieder nicht vor ihm verneigt und ihm nicht die geringste Ehrerbietung erwiesen, als er ihm am Tor des Palastes begegnet war. Er konnte sein stolzes Verhalten einfach nicht länger ertragen. Als er seiner Frau davon erzählte, sagte sie: »Sofort an den Galgen mit ihm! Solch eine Frechheit brauchst du dir nicht bieten zu lassen!«

»Du hast recht«, entgegnete Haman. Er gab den Befehl, noch am selben Tag einen Galgen für Mordechai zu errichten.

In dieser Nacht wachte der König plötzlich auf und konnte nicht wieder einschlafen. Was er auch tat, der ersehnte Schlaf stellte sich nicht ein. Um die Zeit sinnvoll zu nutzen, las er in der Chronik, die alle wichtigen Ereignisse seiner Regierungszeit enthielt. Gegen Morgen kam er an die Stelle, an der von Mordechai und dem vereitelten Mordanschlag die Rede war.

»Hat dieser Mordechai eigentlich jemals eine Belohnung bekommen?« fragte er einen seiner Bediensteten.

»Nein, aber noch immer hält er treu an den Toren des Palastes Wache.«

Da beschloß der König, Mordechai unverzüglich zu belohnen. Als Haman kam, um seinen Dienst anzutreten, ging ihm der König entgegen und fragte: »Sag mir, Haman, wie kann ich einen Mann belohnen, den ich ganz besonders ehren will?«

Haman dachte: »Damit kann nur ich selbst gemeint sein; wen sonst sollte der König besonders ehren wollen?« Deshalb antwortete er: »Laß ihm deinen eigenen Königsmantel um die Schultern legen und ihm eine Krone aufsetzen. Laß ihn auf deinem eigenen Pferd reiten, während einer deiner höchsten Staatsbeamten ihn durch die Straßen geleitet und ruft: ›So handelt der König an dem Mann, den er besonders ehren will!‹

»Ein phantastischer Vorschlag!« antwortete der König zufrieden. »Hier, nimm Königsmantel und Krone, hole mein Pferd und führe den Juden Mordechai damit durch die Stadt. Dabei rufe, so laut du kannst: ›So handelt der

König an dem Mann, den er besonders ehren will!‹«

Völlig verstört nahm Haman den Befehl zur Kenntnis. Was hatte es jetzt noch für Zweck, den König zu bitten, Mordechai an den Galgen zu hängen! Es war zwecklos, und so stotterte er mühsam: »J-j-ja, Majestät.«

An diesem Nachmittag erschien Haman, wie verabredet, bei der Königin. Auch der König war zum Essen gekommen. Wieder fragte er Esther nach dem Grund ihrer Einladung. »Wenn du mich wirklich liebst, mein Gemahl«, sagte sie, »dann rette mir und meinem Volk, das verstreut in deinem Reich lebt, das Leben. Es ist der Befehl erlassen worden, daß alle Juden, Männer, Frauen und Kinder, am 13. Tag des zwölften Monats grausam umgebracht werden sollen.«
»Wer hat das angeordnet?« Der König war sehr verärgert.

»Dieser Mann hier!« sagte Esther und zeigte auf Haman.

Dieser fuhr erschrocken zusammen. Aschfahl im Gesicht, warf er sich der Königin Esther zu Füßen und bettelte um Gnade.

Vergebens! Der König befahl, Haman noch am selben Tag hinzurichten.

Esther begann zu weinen. Die Angst und die qualvolle Sorge um ihr Volk waren zuviel für sie gewesen. Jetzt, wo ihr Vertrauen zu Gott belohnt worden war, fiel aller Kummer von ihr ab, und sie weinte Tränen der Freude und